TEXTES ET PHOTOS DE JEAN ÉTIENNE

LA PÂTISSERIE

50 RECETTES

MANGO

SOMMAIRE

SAINT-HONORÉ

Préparation : 40 min / **Cuisson :** 35 min

Pour 6 personnes : • 1 pâte feuilletée • Beurre **Pour la déco** • Fruits rouges • Carrés de chocolat • Fruits secs **Pour la pâte à choux** • 125 g de farine tamisée • 3 œufs • 80 g de beurre • 1 cuillerée à café de sucre semoule • 1 pincée de sel **Pour la chantilly** • 30 cl de crème liquide entière très froide • 3 sachets de sucre vanillé • 1 sachet de Chantifix **Pour le caramel** • 100 g de sucre semoule

- Préchauffez le four à 200 °C (th. 6-7).
- Déroulez la pâte feuilletée et découpez un rectangle de 20 × 30 cm. Enfournez-le 15 minutes entre deux plaques de cuisson beurrées. Laissez refroidir.
- Préparez la pâte à choux selon la recette p. 16 (§ 1) et formez 8 à 10 choux en suivant le § 3.
- Montez la crème en chantilly avec le sucre vanillé. Ajoutez le Chantifix pour qu'elle reste ferme.
- Ouvrez les choux en deux. Garnissez la base de chantilly puis replacez le chapeau.
- Réalisez le caramel : dans une poêle antiadhésive, faites fondre à feu doux le sucre à sec sans y toucher afin d'obtenir un caramel doré.
- Trempez les choux dans le caramel, collez-les sur le tour du socle. Décorez le gâteau avec le reste de chantilly, les fruits et le chocolat.

RELIGIEUSES À LA ROSE

Préparation : 1 h / **Cuisson :** 35 min

Pour 6 religieuses : • 4 œufs • 150 g de farine tamisée • 1 cuillerée à soupe de sucre semoule • 80 g de beurre • 1 pincée de sel **Pour la crème pâtissière** • 2 œufs entiers + 4 jaunes • 100 g de farine tamisée • 180 g de sucre semoule • 1 litre de lait • 1 cuillerée à soupe d'extrait de rose **Pour le glaçage** • 3 cuillerées à soupe de fondant pâtissier • 1 cuillerée à café d'extrait de rose • 1 ou 2 gouttes de colorant alimentaire rouge

- Préchauffez le four à 200 °C (th. 6-7).
- Réalisez la pâte à choux selon la recette p. 16 (§ 1).
- Sur une plaque à pâtisserie recouverte de papier sulfurisé, à l'aide d'une poche à douille, formez 6 petits choux et 6 gros, en les espaçant. Enfournez 20 à 25 minutes. Laissez refroidir sur une grille.
- Préparez la crème pâtissière : portez le lait à ébullition. Dans un saladier, battez les 2 œufs entiers avec les jaunes. Versez le sucre et fouettez jusqu'à ce que le mélange blanchisse. Incorporez petit à petit la farine puis ajoutez le lait bouillant en mélangeant. Reversez la préparation dans la casserole et portez à ébullition sans cesser de remuer. Hors du feu, ajoutez l'extrait de rose. Mélangez puis saupoudrez légèrement de sucre semoule la surface de la crème pour éviter qu'une peau se forme sur le dessus. Laissez refroidir.

- Pour le glaçage : faites fondre le fondant pâtissier au bain-marie avec 1 cuillerée à soupe d'eau. Incorporez l'extrait de rose et le colorant.
- À l'aide d'une poche à douille, fourrez les choux de crème pâtissière en perçant le dessous (réservez-en pour la déco).
- Étalez le glaçage à la spatule puis montez les religieuses. Décorez-les du reste de crème pâtissière avec une poche munie d'une douille cannelée.

BABAS AU RHUM

Préparation : 25 min / **Repos :** 2 h 15 / **Cuisson :** 20 min

Pour 6 personnes : • 250 g de farine • 10 g de levure de boulanger• 1 pincée de sucre semoule • 3 œufs • 50 g de confiture d'abricots • 2 cuillerées à soupe de lait • 100 g de beurre ramolli + un peu pour les moules • 1 cuillerée à café de sel

Pour la chantilly • 30 cl de crème liquide entière • 3 sachets de sucre vanillé

Pour le sirop • 2 cuillerées à soupe de rhum brun• 300 g de sucre semoule

- Placez la crème et les ustensiles qui serviront pour la chantilly au réfrigérateur.
- Dans un saladier, délayez la levure avec 2 cuillerées à soupe d'eau tiède. Ajoutez 50 g de farine et mélangez. Couvrez et laissez lever 30 minutes à température ambiante.
- Battez la pâte reposée avec le lait. Ajoutez les œufs, le sucre, le sel, le reste de farine et le beurre. Pétrissez la pâte à la main jusqu'à ce qu'elle soit souple. Formez une boule, couvrez et laissez reposer 45 minutes.
- Malaxez une dernière fois la pâte puis partagez-la en 6 petites boules. Disposez-les dans des moules à babas préalablement beurrés. Laissez lever la pâte pendant 1 heure.
- Préchauffez le four à 200 °C (th. 6-7). Enfournez les babas 20 minutes. Démoulez-les sur une grille.

- Préparez le sirop : dans une casserole, portez à ébullition 50 cl d'eau avec le sucre. Laissez refroidir et ajoutez le rhum.
- Délayez la confiture avec 1 cuillerée à soupe d'eau tiède. Versez le sirop sur les babas encore chauds en plusieurs fois pour qu'ils s'en imbibent entièrement.
- À l'aide d'un pinceau, badigeonnez les babas de confiture.
- Montez la crème en chantilly avec le sucre vanillé. Garnissez-en chaque baba.

PARIS-BREST

Préparation : 30 min / **Cuisson :** 20 min

Pour 6 personnes : • 5 œufs • 125 g de farine tamisée • 50 g d'amandes effilées • 60 g de beurre • 20 g de sucre glace • 1 pincée de sel **Pour le crème pâtissière** • 2 œufs entiers + 4 jaunes • 100 g de farine tamisée • 180 g de sucre semoule • 1 litre de lait • 1 cuillerée à soupe d'extrait de café **Pour la crème mousseline** • 75 g de praliné en pâte • 125 g de beurre

- Préchauffez le four à 220 °C (th. 7-8).
- Réalisez la pâte à choux en suivant la recette p. 16 (§ 1).
- Dessinez un cercle de 20 cm de diamètre sur une plaque recouverte de papier sulfurisé beurré.
- À l'aide d'une poche à douille, couchez une couronne de pâte sur le cercle, une deuxième à l'intérieur et une autre à cheval sur les deux premières. Enfournez 20 minutes.
- Parsemez la couronne d'amandes effilées et laissez refroidir.
- Réalisez la crème pâtissière selon le § 4, p. 10 en remplaçant l'extrait de rose par le café.
- Réalisez la crème mousseline : mélangez 50 g de beurre à la crème pâtissière . Lorsqu'elle est bien froide, incorporez le reste de beurre et le praliné.
- Coupez la couronne à mi-hauteur. Garnissez la base de crème mousseline. Replacez le dessus de la couronne et saupoudrez de sucre glace. Réservez au réfrigérateur.

CHOUX À LA CRÈME DE PÊCHES

Préparation : 40 min / **Repos** : 1 h / **Cuisson** : 20 min

Pour 4 personnes : • 150 g de farine tamisée • 5 œufs • 100 g de beurre • 1 cuillerée à soupe de sucre semoule • 1 pincée de sel • 4 pêches blanches non traitées • 2 feuilles de gélatine

Pour la chantilly • 20 cl de crème liquide entière très froide • 50 g de sucre semoule

- Réalisez la pâte à choux : dans une casserole, portez à ébullition 25 cl d'eau avec le beurre coupé en morceaux, le sel et le sucre. Hors du feu, versez d'un coup la farine en remuant énergiquement avec une spatule. Placez la casserole sur feu doux et faites cuire 1 ou 2 minutes jusqu'à ce que la pâte se détache des parois. Retirez la casserole du feu et laissez refroidir. Ajoutez les œufs un à un en mélangeant bien à chaque fois au fouet afin d'avoir une pâte lisse (mais non liquide). Laissez reposer la pâte au frais pendant 1 heure.
- Préchauffez le four à 180 °C (th. 6).
- Sur une plaque recouverte de papier sulfurisé, à l'aide d'une poche à douille, formez des petits tas de pâte. Enfournez 20 minutes. Laissez-les refroidir sur une grille.
- Pendant ce temps, faites ramollir les feuilles de gélatine dans un bol d'eau froide 5 minutes.
- Épluchez et dénoyautez 2 pêches. Mixez la chair puis faites tiédir cette purée dans une casserole. Incorporez

la gélatine essorée et laissez cuire à feu doux 3 minutes.
- Montez la crème en chantilly avec le sucre. Incorporez la purée de pêches refroidie.
- Lavez les 2 autres pêches et détaillez-les en petits dés.
- Ouvrez les choux en deux. Garnissez la base de crème de pêches puis ajoutez les dés de pêche. Replacez le chapeau.

MILLEFEUILLES

Préparation : 30 min / **Cuisson :** 30 min

Pour 4 millefeuilles : • 1 pâte feuilletée • 150 g de sucre glace **Pour la crème pâtissière** • 3 jaunes d'œufs • 100 g de farine tamisée • 50 cl de lait • 80 g de sucre semoule • 1 gousse de vanille

- Réalisez la crème pâtissière : fendez la gousse de vanille en deux et raclez les graines avec la pointe d'un couteau. Dans une casserole, faites chauffer le lait avec la gousse et les graines de vanille 10 minutes à feu doux. Laissez tiédir. Dans un saladier, fouettez les jaunes d'œufs et le sucre jusqu'à ce que le mélange blanchisse. Ajoutez la farine progressivement en fouettant. Ôtez la gousse de vanille du lait puis versez le contenu du saladier dans la casserole en mélangeant à l'aide d'un fouet. Faites chauffer en remuant et portez à ébullition pendant 3 minutes. Laissez refroidir.
- Préchauffez le four à 180 °C (th. 6).
- Déroulez la pâte feuilletée puis coupez 12 rectangles de même taille. Placez-les sur une plaque à pâtisserie recouverte de papier sulfurisé et piquez-les avec une fourchette. Enfournez 12 à 15 minutes. Laissez refroidir.

- Dressez les millefeuilles : étalez une bonne épaisseur de crème pâtissière sur un rectangle de pâte et recouvrez d'un autre rectangle. Nappez-le de crème et placez un troisième rectangle dessus. Saupoudrez généreusement de sucre glace. Montez les autres millefeuilles et réservez au frais.

CHOUQUETTES

Préparation : 15 min / **Cuisson :** 30 min

Pour 24 chouquettes : • 150 g de farine tamisée • 3 œufs • 100 g de beurre • 2 cuillerées à soupe de sucre perlé (en grains) • 1 cuillerée à café de sucre semoule • 1 pincée de sel

- Préchauffez le four à 200 °C (th. 6-7).
- Réalisez la pâte à choux : dans une casserole, portez à ébullition 25 cl d'eau avec le beurre coupé en morceaux, le sel et le sucre semoule. Hors du feu, versez d'un coup la farine en remuant énergiquement avec une spatule. Placez la casserole sur feu doux et faites cuire 1 à 2 minutes jusqu'à ce que la pâte se détache des parois. Retirez la casserole du feu et laissez refroidir. Ajoutez les œufs un à un en mélangeant bien à chaque fois au fouet (la pâte doit être lisse mais non liquide).
- À l'aide d'une poche à douille, formez 24 petits choux sur une plaque de cuisson recouverte de papier sulfurisé, en les espaçant. Saupoudrez-les de sucre perlé.
- Enfournez 20 à 25 minutes. Laissez les chouquettes refroidir sur une grille.

FINANCIERS À LA PISTACHE

Préparation : 15 min / **Cuisson :** 10 à 12 min

Pour 4 personnes : • 40 g de farine • 3 blancs d'œufs • 150 g de sucre semoule • 60 g de poudre d'amande • 60 g de poudre de pistache • 120 g de beurre fondu + un peu pour les moules

- Préchauffez le four à 180 °C (th. 6).
- Dans un saladier, battez les blancs d'œufs avec le sucre. Ajoutez le beurre fondu. Incorporez la farine, puis les poudres d'amande et de pistache.
- Beurrez des moules à financiers (ou passez-les sous l'eau s'ils sont en silicone). Remplissez-les de pâte puis enfournez 10 à 12 minutes. Laissez refroidir avant de démouler.

ASTUCE

REMPLACEZ LA POUDRE DE PISTACHES PAR DE LA POUDRE DE NOISETTES OU RÉALISEZ CES FINANCIERS AVEC DE LA POUDRE D'AMANDE UNIQUEMENT (DOUBLEZ LES QUANTITÉS).

CANNELÉS

Préparation : 15 min / **Repos :** 24 h / **Cuisson :** 1 h 15

Pour 12 cannelés : • 50 cl de lait • 1 œuf entier + 2 jaunes • 250 g de sucre semoule • 125 g de farine • 2 cuillerées à soupe de rhum • 3 gouttes d'extrait de vanille • Beurre pour les moules

- La veille, dans un grand saladier, battez l'œuf entier et les 2 jaunes. Ajoutez le lait, le sucre, le rhum et la vanille.
- Dans un autre saladier, déposez la farine et creusez un puits. Incorporez le mélange précédent. Couvrez d'un film alimentaire et laissez reposer pendant 24 heures.
- Le jour même, préchauffez le four à 150 °C (th. 5).
- Beurrez les moules et remplissez-les aux trois quarts avec la préparation.
- Enfournez pendant 1 h 15.
- Démoulez aussitôt et dégustez les cannelés tièdes ou froids.

MACARONS AUX FRUITS ROUGES

Préparation : 45 min / **Séchage :** 1 h / **Cuisson :** 13 min

Pour 24 macarons : • 3 blancs d'œufs (80 g) • 100 g de sucre semoule • 100 g de sucre glace • 100 g de poudre d'amande • 150 g de confiture de fruits rouges • Colorant alimentaire rouge • 1 pincée de sel

- Réalisez les coques des macarons : mixez longuement le sucre glace avec la poudre d'amande puis passez ce mélange au tamis. Versez dans un saladier.
- Dans une casserole, portez 4 cl d'eau à ébullition avec le sucre semoule : la température du sirop ne doit pas dépasser 110 °C (utilisez un thermomètre à pâtisserie).
- Montez la moitié des blancs en neige avec la pincée de sel puis versez le sirop en filet.
- Ajoutez les blancs d'œufs restants au mélange sucre glace-poudre d'amande. Ajoutez 2 ou 3 gouttes de colorant rouge puis incorporez les blancs en neige en soulevant la préparation : le mélange doit être homogène et un peu coulant.
- À l'aide d'une poche à douille, sur une plaque à pâtisserie recouverte de papier sulfurisé, déposez 48 petits tas de pâte espacés. Laissez-les sécher (croûter) 1 heure à température ambiante.

- Préchauffez le four à 145 °C (th. 4-5).
- Enfournez les coques 13 minutes.
- Sortez la plaque du four, humectez votre plan de travail et déposez dessus la feuille de papier sulfurisé avec les coques pour arrêter la cuisson. Décollez-les délicatement et laissez refroidir.
- Garnissez 24 coques de confiture puis recouvrez avec les coques restantes.

MACARONS AU CHOCOLAT

Préparation : 45 min / **Séchage** : 1 h / **Cuisson** : 13 min / **Repos** : 1 nuit

Pour 24 macarons : • 3 blancs d'œufs (80 g) • 100 g de sucre semoule • 100 g de sucre glace • 100 g de poudre d'amande • 20 g de cacao en poudre • 1 pincée de sel

Pour la ganache • 125 g de chocolat noir à pâtisser • 10 cl de crème liquide entière • 35 g de beurre extra-fin

- La veille, réalisez les coques des macarons en suivant la recette de la p. 26 (§ 1 à 8) en remplaçant le colorant par le cacao en poudre (§ 4).
- Préparez la ganache : concassez le chocolat dans un saladier. Portez la crème liquide à ébullition puis versez-la sur le chocolat. Lissez à la spatule. Incorporez le beurre coupé en dés. Laissez refroidir puis réservez la ganache une nuit au réfrigérateur.
- Le jour même, versez la ganache dans une poche à douille. Garnissez 24 coques de ganache puis recouvrez avec les coques restantes.

MACARONS CITRON-CITRON VERT

Préparation : 40 min / **Séchage :** 1 h / **Cuisson :** 13 min

Pour 24 macarons : • 3 blancs d'œufs (80 g) • 100 g de sucre semoule • 100 g de sucre glace • 100 g de poudre d'amande • 2 gouttes de colorants vert et jaune • 1 pincée de sel **Pour les ganaches** • Le jus de 2 citrons verts • Le jus de 2 citrons jaunes • 4 œufs • 160 g de sucre semoule • 30 g de Maïzena®

- Réalisez les coques des macarons selon la recette de la p. 26 (§ 1 à 8) en supprimant le colorant rouge. Répartissez alors la pâte dans 2 saladiers et incorporez le colorant vert dans l'un et le jaune dans l'autre.
- Préparez la ganache au citron vert : dans un saladier, délayez 15 g de Maïzena® avec la moitié du jus de citron vert. Ajoutez 2 œufs battus, la moitié du sucre et le reste de jus de citron vert. Fouettez énergiquement puis versez cette préparation dans une casserole. Faites cuire à feu doux sans cesser de remuer 5 minutes environ jusqu'à ce que la crème épaississe. Laissez refroidir.
- Réalisez de la même manière la ganache au citron jaune.
- Garnissez 12 coques vertes de ganache au citron vert et 12 coques jaunes de ganache au citron jaune. Recouvrez avec les coques correspondantes.

MACARONS ROSE-ORANGE

Préparation : 45 min / **Séchage :** 1 h / **Cuisson :** 13 min

Pour 24 macarons : • 3 blancs d'œufs • 100 g de sucre semoule • 100 g de sucre glace • 100 g de poudre d'amande • 10 g de pistaches concassées • Colorant alimentaire rose et orange • Orange curd • Confit de rose • Eau de fleur d'oranger • 1 pincée de sel

- Réalisez les coques des macarons selon la recette de la p. 26 (§ 1 à 4) en supprimant le colorant rouge. Répartissez alors la pâte dans 2 saladiers et incorporez 2 gouttes de colorant rose dans l'un et 2 gouttes de colorant orange dans l'autre.
- Versez chaque préparation dans une poche à douille. Sur une plaque à pâtisserie recouverte de papier sulfurisé, déposez 24 petits tas roses et 24 orange, en les espaçant. Laissez-les sécher 1 heure à température ambiante.
- Préchauffez le four à 145 °C (th. 4-5). Enfournez 13 minutes.
- Sortez la plaque du four, humectez votre plan de travail et déposez dessus la feuille de papier sulfurisé pour arrêter la cuisson des coques. Décollez-les délicatement et laissez refroidir. Badigeonnez les coques orange d'eau de fleur d'oranger avec un pinceau.
- Garnissez 12 coques orange d'orange curd et 12 coques roses de confit de rose. Recouvrez avec les coques correspondantes.

FRAISIER AUX BISCUITS DE REIMS

Préparation : 20 min / **Sans cuisson** / **Réfrigération :** 4 h

Pour 6 personnes : • 20 biscuits de Reims • 400 g de fraises • 200 g de fromage blanc • 50 cl de crème liquide entière • 200 g de sucre semoule

- Dans un saladier, battez la crème pour la rendre bien ferme. Ajoutez le fromage blanc et le sucre progressivement.
- Rincez rapidement les fraises et séchez-les. Réservez-en quelques-unes pour la déco et coupez les autres en morceaux.
- Dans un moule à cake, disposez un fond de biscuits de Reims. Étalez la crème fouettée par-dessus puis ajoutez les fraises. Recouvrez d'une couche de biscuits. Placez le fraisier au réfrigérateur 4 heures minimum.
- Démoulez le fraisier sur un plat de présentation et décorez de fraises.

GÂTEAUX-SURPRISES

Préparation : 40 min / **Cuisson :** 30 min

Pour 4 gateaux : • 4 œufs • 35 g de fécule de pommes de terre • 300 g de pâte d'amande blanche • 90 g de sucre semoule • Gelée de groseille • Sucre glace • 1 pincée de sel • Décoration de votre choix

- Préchauffez le four à 150 °C (th. 5).
- Séparez les jaunes d'œufs des blancs. Dans un saladier, fouettez les jaunes et le sucre jusqu'à ce que le mélange devienne mousseux. Versez peu à peu la fécule et mélangez. Montez les blancs en neige avec le sel. Incorporez-les délicatement à la préparation.
- Versez la pâte dans un moule rectangulaire tapissé de papier sulfurisé. Enfournez 30 minutes : la génoise doit rester moelleuse. Recouvrez-la d'un linge propre et laissez refroidir.
- Coupez la génoise en 4 carrés et tranchez-les en deux dans l'épaisseur. Tartinez l'intérieur de gelée de groseille puis reconstituez les gâteaux.
- Saupoudrez le plan de travail de sucre glace puis étalez dessus la pâte d'amande en rectangles suffisamment grands pour recouvrir chaque gâteau comme un paquet.
- Déposez la pâte d'amande sur les gâteaux et soudez les côtés en humectant. Décorez les paquets.

CHEESECAKE AU CITRON

Préparation : 25 min / **Cuisson :** 2 h 10 / **Réfrigération :** 6 h minimum (voire 1 nuit)

Pour 6 à 8 personnes : • 100 g de biscuits sablés au citron • 2 citrons non traités • 350 g de ricotta • 350 g de fromage frais type St Môret® • 3 œufs • 150 g de lemon curd • 40 g de beurre fondu • 100 g de sucre semoule

- Préchauffez le four à 180 °C (th. 6).
- Émiettez les biscuits et ajoutez le beurre fondu. Mélangez pour obtenir une texture compacte. Étalez ce mélange en le tassant dans un moule à bord haut. Enfournez et laissez cuire 12 minutes.
- Prélevez le zeste de 1 citron et recueillez la moitié de son jus.
- Dans un saladier, mélangez les fromages et le sucre jusqu'à l'obtention d'une préparation lisse. Ajoutez les œufs un à un puis le zeste et le jus de citron en battant légèrement. Ajoutez la moitié du lemon curd.
- Versez la préparation sur le fond de pâte. Baissez la température du four à 140 °C (th. 4-5) et enfournez pendant 1 heure. Entrouvrez le four et poursuivez la cuisson 1 heure : la crème doit rester souple au milieu du gâteau.
- Sortez le cheesecake du four et laissez-le refroidir avant de le démouler.
- Nappez le dessus du cheesecake avec le reste de lemon curd. Réservez au frais 6 à 12 heures.

PAVLOVAS CITRON-FRAMBOISES

Préparation : 15 min / **Cuisson :** 50 min

Pour 6 pavlovas : • 25 cl de sorbet citron • 150 g de framboises fraîches • 6 blancs d'œufs • 80 g de sucre semoule • Sirop de fruits rouges • 1 pincée de sel

Pour la chantilly • 40 cl de crème liquide très froide • 50 g de sucre semoule

- Préparez la meringue : battez les blancs d'œufs en neige très ferme avec la pincée de sel. Incorporez délicatement le sucre.
- Sur une plaque à pâtisserie recouverte de papier sulfurisé, à l'aide d'emporte-pièces ronds ou rectangulaires huilés, déposez la préparation sur une épaisseur d'environ 4 cm. Avec le dos d'une grande cuillère, creusez légèrement leur centre.
- Enfournez les meringues à froid et portez la température à 80 °C (th. 2-3). Faites cuire 50 minutes sans ouvrir la porte du four.
- Décollez délicatement les meringues et laissez-les refroidir sur une grille.
- Réalisez la chantilly en fouettant la crème avec le sucre.
- Au centre de chaque meringue, posez 1 boule de sorbet citron. Recouvrez de chantilly puis décorez de framboises et d'un filet de sirop de fruits rouges. Servez aussitôt.

ASTUCE

AJOUTEZ 1 CUILLERÉE À CAFÉ DE CANNELLE ET QUELQUES ZESTES DE CITRON DANS L'APPAREIL À MERINGUE.

TARTE AUX FRAISES DU PÂTISSIER

Préparation : 25 min / **Cuisson :** 30 min

Pour 4 personnes : • 1 pâte sablée • 500 g de fraises gariguette ou mara des bois • Chantilly (pour la déco) **Pour la crème pâtissière** • 30 g de Maïzena® • 2 jaunes d'œufs • 30 g de sucre semoule • 15 cl de lait • 1 gousse de vanille

- Préchauffez le four à 150 °C (th. 5).
- Étalez la pâte dans un moule à tarte et piquez le fond avec une fourchette.
- Recouvrez le fond de tarte de papier sulfurisé et étalez dessus une couche de billes de cuisson (ou de haricots secs). Faites cuire le fond de tarte à blanc 30 minutes.
- Pendant ce temps, préparez la crème pâtissière : fendez la gousse de vanille en deux et raclez les graines. Dans une casserole, faites chauffer le lait avec les graines et la gousse 10 minutes à feu doux. Dans un saladier, battez vigoureusement les jaunes d'œufs et le sucre. Ajoutez la Maïzena® tout en fouettant. Ôtez la gousse de vanille du lait et versez le contenu du saladier dans la casserole. Portez à ébullition sans cesser de remuer pendant 2 à 3 minutes jusqu'à épaississement

de la crème. Versez-la dans un saladier, filmez et laissez refroidir.

- Lavez rapidement les fraises, équeutez-les et coupez-les en deux.
- Étalez la crème pâtissière sur le fond de tarte refroidi. Disposez les fraises. Décorez d'une pointe de chantilly.

TARTELETTES AUX CITRONS DE MENTON

Préparation : 20 min / **Cuisson :** 25 min

Pour 4 personnes : • 1 pâte sablée • 3 citrons jaunes de Menton non traités • 1 citron vert non traité • 3 œufs • 150 g de sucre semoule

- Préchauffez le four à 180 °C (th. 6).
- Étalez la pâte sablée dans 4 moules à tartelette et piquez les fonds avec une fourchette. Enfournez 10 minutes. Laissez refroidir sur une grille. Baissez le four à 130 °C (th. 4-5).
- Râpez le zeste des citrons jaunes puis pressez les fruits. Versez le jus et les zestes dans une casserole. Ajoutez 120 g de sucre et les œufs. Fouettez le tout puis faites chauffer en remuant sans porter à ébullition jusqu'à l'obtention d'un sabayon.
- Versez le sabayon sur les fonds de tartelette et saupoudrez du reste de sucre. Enfournez 15 minutes. Sortez les tartelettes du four et laissez refroidir.
- Juste avant de servir, décorez les tartelettes de fines tranches de citron vert.

TARTELETTES MERINGUÉES AUX AGRUMES

Préparation : 20 min / **Cuisson** : 35 min

Pour 4 personnes : • 1 pâte sablée • 1 citron jaune non traité • 1 citron vert non traité • 1 orange non traitée • 3 œufs • 150 g de sucre semoule

Pour la meringue • 30 g de sucre semoule • 3 blancs d' œufs • 1 pincée de sel

- Préchauffez le four à 180 °C (th. 6).
- Suivez la recette de la p. 46 (§ 1 à 4) en remplaçant les citrons de Menton par le citron jaune, le citon vert et l'orange.
- Réalisez la meringue : montez les blancs en neige ferme avec la pincée de sel puis incorporez délicatement le sucre.
- Recouvrez de meringue la tarte refroidie puis passez-la sous le gril du four afin d'obtenir une légère coloration (ou utilisez un chalumeau de cuisine). Laissez refroidir.

TARTE AUX POMMES

Préparation : 20 min / **Cuisson :** 35 min

Pour 6 personnes : • 1 pâte brisée • 5 pommes • 2 œufs • 100 g de poudre d'amande • 50 g d'amandes effilées • 100 g de sucre semoule • 1 sachet de sucre vanillé • 15 cl de crème liquide • Quelques cerneaux de noix pour la déco (facultatif)

- Préchauffez le four à 180 °C (th. 6).
- Étalez la pâte brisée dans un moule à tarte et piquez le fond avec une fourchette.
- Dans un saladier, battez les œufs avec la crème liquide, la poudre d'amande et le sucre semoule.
- Épluchez les pommes et coupez-les en fines rondelles.
- Versez la préparation sur le fond de tarte et recouvrez de rondelles de pomme. Enfournez 35 minutes.
- À la sortie du four, saupoudrez la tarte de sucre vanillé et décorez-la de cerneaux de noix. Dégustez-la tiède ou froide.

GALETTE DES ROIS

Préparation : 25 min / **Cuisson :** 35 min

Pour 6 personnes : • 2 rouleaux de pâte feuilletée • 200 g de poudre d'amande • 2 œufs + 1 jaune pour la dorure • 75 g de beurre demi-sel ramolli • 100 g de sucre semoule • 1 fève

- Préchauffez le four à 180 °C (th. 6).
- Dans un saladier, mélangez le beurre coupé en morceaux, le sucre et la poudre d'amande pour obtenir une préparation lisse. Ajoutez les œufs un à un.
- Déroulez 1 pâte feuilletée sur une plaque à pâtisserie garnie de papier sulfurisé. Piquez la pâte avec une fourchette. Recouvrez de frangipane en laissant un bord de 2 cm et disposez la fève.
- Humectez d'eau le bord de la pâte puis recouvrez avec la seconde pâte feuilletée. Soudez les bords des deux pâtes ensemble par une légère pression.
- Badigeonnez la galette de jaune d'œuf délayé avec 1 cuillerée à soupe d'eau. À l'aide d'un couteau, faites un quadrillage sur le dessus de la galette sans trop appuyer.
- Enfournez et laissez cuire 35 minutes environ.

PUMPKIN PIE

Préparation : 20 min / **Cuisson :** 55 min

Pour 6 personnes : • 1 pâte brisée • 300 g de potiron • 2 œufs • 50 g de noisettes concassées • 50 g de noix concassées • 30 g de pignons de pin • 30 cl de crème liquide entière • 120 g de sucre roux • 1 cuillerée à café de quatre-épices

- Préchauffez le four à 180 °C (th. 6).
- Pelez le potiron et coupez-le en gros cubes. Déposez-les dans une casserole et couvrez d'eau.
  Faites cuire 20 minutes à feu doux.
- Égouttez les morceaux de potiron, puis mixez-les avec le sucre, les œufs, la crème liquide et le quatre-épices.
- Foncez un moule à tarte avec la pâte brisée et piquez le fond de quelques coups de fourchette. Versez la préparation au potiron dessus et parsemez de fruits secs.
- Enfournez la tarte 35 minutes. Dégustez-la tiède ou froide.

TARTE AU SUCRE

Préparation : 20 min / **Repos :** 1 h 30 / **Cuisson :** 25min

Pour 6 personnes : • 350 g de farine • 1 sachet de levure de boulanger • 1 œuf • 150 g de beurre • 15 cl de lait • 3 cuillerées à soupe de sucre semoule • Cassonade • 1 cuillerée à café de sel

- Délayez la levure dans 6 cl d'eau tiède.
- Dans une casserole, faites fondre 100 g de beurre avec 10 cl de lait.
- Dans un saladier, mélangez la farine, le sucre semoule et le sel. Creusez un puits au centre et versez le mélange beurre-lait. Ajoutez la levure délayée et l'œuf battu. Lissez la pâte à la spatule. Formez une boule (ajoutez un peu de farine si la pâte est trop collante). Recouvrez-la d'un torchon propre et laissez-la gonfler pendant 1 h 30 dans un endroit tiède.
- Préchauffez le four à 180 °C (th. 6).
- Aplatissez la pâte avec la main puis étalez-la dans un moule à tarte. Badigeonnez-la avec le reste de lait à l'aide d'un pinceau. Parsemez la surface de petits dés de beurre et saupoudrez de cassonade.
- Enfournez la tarte 25 minutes. Dégustez-la tiède ou froide.

ASTUCE

À LA SORTIE DU FOUR, DÉCOREZ LA TARTE DE PETITS MORCEAUX DE FRUITS CONFITS.

PRADEL

LES CUPCAKES GIRLY

Préparation : 25 min / **Cuisson :** 13 min

Pour 8 cupcakes : • 200 g de farine • ½ sachet de levure chimique • 3 œufs • 1 petit pot de fromage blanc (125 g) • 120 g de sucre semoule • Cerises pour la déco

Pour le glaçage • 4 cuillerées à soupe de sucre glace • Colorant alimentaire rose • Le jus de 1 citron

- Préchauffez le four à 180 °C (th. 6).
- Réalisez la pâte : dans un saladier, battez les œufs avec le sucre afin d'obtenir un mélange mousseux. Ajoutez le fromage blanc puis la farine et la levure. Mélangez le tout de façon homogène.
- Répartissez la préparation dans des petits moules à muffins en silicone. Enfournez et laissez cuire 13 minutes environ (piquez un gâteau avec la pointe d'un couteau : la lame doit ressortir sèche). Démoulez et laissez refroidir sur une grille.
- Pendant ce temps, réalisez le glaçage : dans un saladier, mélangez vigoureusement le sucre glace avec le jus de citron et 2 gouttes de colorant rose.
- Nappez les cupcakes de glaçage à l'aide d'une spatule puis décorez le dessus avec 1 cerise.

MADELEINES

Préparation : 15 min / **Repos :** 1 h / **Cuisson :** 10 min

Pour 4 personnes : • 3 œufs • 100 g de sucre semoule • 200 g de farine • 150 g de beurre • Le zeste de 1 citron non traité taillé en fins bâtonnets • ½ sachet de levure chimique

- Dans un saladier, battez les œufs énergiquement avec le sucre pour que le mélange blanchisse.
- Faites fondre le beurre et ajoutez-le aux œufs battus. Incorporez la farine, la levure et les zestes de citron. Laissez la pâte reposer 1 heure au frais.
- Préchauffez le four à 220 °C (th. 7-8).
- Remplissez des moules à madeleines en silicone avec la préparation.
- Enfournez pendant 5 minutes puis baissez la température à 180 °C (th. 6) et continuez la cuisson 5 minutes.
- Démoulez les madeleines et laissez-les refroidir sur une grille.

ASTUCE

POUR DES MADELEINES BIEN GONFLÉES, PRÉPAREZ VOTRE PÂTE LA VEILLE ET CONSERVEZ-LA AU RÉFRIGÉRATEUR.

MERINGUES

Préparation : 15 min / **Cuisson :** 55 min / **Repos :** 1 h

Pour 6 personnes : • 3 blancs d'œufs • 80 g de sucre semoule • 70 g de sucre glace • 1 pincée de sel

- Préchauffez le four à 150 °C (th. 5).
- Montez les blancs d'œufs en neige ferme avec la pincée de sel. Tout en continuant de fouetter, ajoutez petit à petit le sucre semoule et le sucre glace tamisé.
- À l'aide d'une poche à douille, déposez des petits tas de meringue sur une plaque à pâtisserie recouverte de papier sulfurisé, en les espaçant.
- Baissez la température du four à 30 °C (th. 1) et enfournez les meringues. Laissez cuire 55 minutes.
- En fin de cuisson, entrouvrez légèrement la porte du four puis refermez-la et éteignez le four. Laissez les meringues reposer 1 heure ainsi afin qu'elles deviennent croustillantes.

BAKLAWAS À LA FLEUR D'ORANGER

Préparation : 25 min / **Cuisson :** 20 min

Pour 8 personnes : • 15 feuilles de pâte filo • 250 g de cerneaux de noix • 150 g de pistaches • 100 g de noisettes • 100 g d'amandes émondées • 150 g de sucre semoule • 150 g de beurre fondu • 5 g de cannelle moulue • 50 cl de miel d'acacia liquide • 4 cuillerées à soupe d'eau de fleur d'oranger

- Préchauffez le four à 200 °C (th. 6-7).
- Broyez les pistaches et les noisettes.
- Dans un saladier, mélangez les noix, les pistaches, les noisettes, 2 cuillerées à soupe d'eau de fleur d'oranger, le sucre et 100 g de beurre fondu.
- Coupez les feuilles de pâte filo aux dimensions d'un moule rectangulaire. Prélevez 5 feuilles et badigeonnez-les généreusement de beurre fondu au pinceau.
- Beurrez le fond du moule puis disposez les 5 feuilles en les empilant les unes sur les autres. Étalez dessus une couche de pâte aux fruits secs.
- Badigeonnez de beurre 5 nouvelles feuilles et déposez-les dans le moule. Recouvrez de farce aux fruits secs. Terminez par les 5 feuilles restantes beurrées. Saupoudrez de cannelle.

- Prédécoupez le gâteau en losanges à l'aide d'un couteau pointu et déposez 1 amande sur chacun d'eux. Enfournez pendant 20 minutes.
- Faites chauffer le miel à feu doux dans une casserole avec le reste d'eau de fleur d'oranger. Nappez les baklawas de miel chaud à la sortie du four.

CORNES DE GAZELLE

Préparation : 25 min / **Repos :** 15 min / **Cuisson :** 15 min

Pour 20 cornes de gazelle : • 250 g de farine • 100 g de beurre fondu • 3 cuillerées à soupe d'eau de fleur d'oranger • 1 pincée de sel **Pour la farce** • 500 g d'amandes émondées • 150 g de sucre semoule • 50 g de beurre fondu • 2 cuillerées à soupe d'eau de fleur d'oranger

- Préparez la farce : mixez les amandes grossièrement. Déposez-les dans une jatte. Ajoutez le sucre, le beurre fondu et l'eau de fleur d'oranger. Malaxez pour obtenir un mélange homogène et laissez reposer.
- Préparez la pâte : dans un saladier, mélangez la farine, le sel, le beurre fondu et l'eau de fleur d'oranger. Ajoutez 5 à 10 cl d'eau si nécessaire afin d'obtenir une boule homogène. Laissez reposer 15 minutes.
- Préchauffez le four à 180 °C (th. 6).
- Séparez la pâte en 5 pâtons. Étalez 1 pâton sur le plan de travail fariné et formez 1 rectangle. Sur la moitié du rectangle, déposez 4 petits tas de farce espacés de 4 cm. Repliez la pâte sur la farce puis appuyez sur les bords pour les souder. À l'aide d'une roulette dentelée, découpez 4 demi-cercles. Façonnez-les en forme de croissant avec les doigts.

- Renouvelez l'opération avec les 4 pâtons restants.
- Piquez les cornes de gazelle avec une fourchette et déposez-les sur une plaque à pâtisserie recouverte de papier sulfurisé. Enfournez 15 minutes.

ASTUCE

LA FARCE PEUT SE PRÉPARER AVEC DES NOIX, DES PISTACHES OU UNE COMPOTÉE DE FRUITS. DÉGUSTEZ LES CORNES DE GAZELLE AVEC UN THÉ À LA MENTHE AGRÉMENTÉ DE PIGNONS DE PIN.

COOKIES AUX CRANBERRIES ET NOIX DE PÉCAN

Préparation : 10 min / **Cuisson :** 12 min

Pour 12 cookies : • 150 g de farine • 2 œufs • 130 g de sucre roux • 120 g de beurre ramolli • 150 g de cranberries séchées • 120 g de noix de pécan • 1 pincée de sel

- Préchauffez le four à 160 °C (th. 5-6).
- Mixez grossièrement les noix de pécan.
- Dans un saladier, battez le beurre et le sucre afin d'obtenir un mélange crémeux. Incorporez les œufs. Ajoutez la farine, le sel puis les cranberries et les noix. Mélangez jusqu'à l'obtention d'une pâte souple et homogène.
- Sur une plaque à pâtisserie recouverte de papier sulfurisé déposez des petits tas de pâte à l'aide de 2 grandes cuillères. Enfournez 12 minutes en surveillant la fin de cuisson.

ASTUCE

REMPLACEZ LES CRANBERRIES PAR DES DATTES ET DES FIGUES SÈCHES COUPÉES EN DÉS.

NAVETTES

Préparation : 10 min / **Cuisson :** 15 min / **Repos :** 3 h

Pour 4 personnes : • 500 g de farine • 2 œufs entiers + 1 jaune pour la dorure • 2 cuillerées à soupe de graines de lavande • 5 cl d'eau de fleur d'oranger • 200 g de sucre semoule • 5 cl d'huile d'olive • Beurre pour la plaque

- Dans un saladier, fouettez les œufs et le sucre jusqu'à ce que le mélange blanchisse. Ajoutez l'eau de fleur d'oranger, les graines de lavande, la farine et l'huile. Mélangez énergiquement afin d'obtenir une pâte lisse. Formez 1 boule et placez-la 1 heure au réfrigérateur.
- Prélevez 1 morceau de pâte et formez 1 boudin d'environ 1,5 cm de diamètre. Partagez-le en tronçons de 5 cm de long. Pincez les extrémités puis, à l'aide de la pointe d'un couteau, fendez l'intérieur pour obtenir une forme de barque. Réalisez ainsi les autres navettes. Placez-les sur une plaque à pâtisserie beurrée et laissez reposer 2 heures à température ambiante.
- Préchauffez le four à 180 °C (th. 6).
- Badigeonnez les navettes de jaune d'œuf avec un pinceau. Enfournez-les 15 minutes environ.

BISCOTTI AUX AMANDES

Préparation : 15 min / **Cuisson** : 50 min

Pour 4 personnes : • 280 g de farine • 1 cuillerée à café de levure chimique • 3 œufs • 180 g de sucre semoule • 200 g d'amandes blanches entières • 80 g de poudre d'amande • 60 g de beurre ramolli • 2 cuillerées à café d'extrait de vanille • 5 cl d'amaretto

- Préchauffez le four à 160 °C (th. 5-6).
- Dans un saladier, battez énergiquement au fouet le beurre et le sucre pour obtenir un mélange crémeux. Ajoutez l'extrait de vanille et les œufs. Fouettez le tout puis incorporez la farine, la levure, l'amaretto, la poudre d'amande et les amandes.
- Avec la préparation, façonnez des petits pains. Disposez-les sur une plaque à pâtisserie recouverte de papier sulfurisé.
- Enfournez et faites cuire 40 minutes. Laissez refroidir les petits pains complètement.
- Coupez les petits pains en tranches de 1 cm d'épaisseur puis enfournez-les à nouveau 10 minutes : les tranches doivent légèrement griller.

LANGUES-DE-CHAT À LA BADIANE

Préparation : 10 min / **Cuisson :** 5 min

Pour 20 biscuits : • 75 g de farine • 125 g de sucre semoule • 1 sachet de sucre vanillé • 2 œufs • 40 g de beurre + un peu pour la plaque • 2 étoiles de badiane

- Préchauffez le four à 250 °C (th. 8-9).
- Faites fondre le beurre.
- Mixez les étoiles de badiane puis tamisez pour obtenir une poudre fine.
- Dans un saladier, mélangez au fouet la farine, les sucres semoule et vanillé et la poudre de badiane. Ajoutez les œufs battus puis le beurre fondu.
- Beurrez une plaque à pâtisserie puis déposez des petites bandes de pâte bien espacées. Étalez-les légèrement avec le dos d'une cuillère trempée dans l'eau froide.
- Enfournez 5 minutes : le pourtour doit être doré et le centre jaune pâle.
- Sortez les langues-de-chat du four, décollez-les rapidement à l'aide d'une spatule et laissez-les refroidir.

ASTUCE

REMPLACEZ LA BADIANE PAR DU MÉLANGE QUATRE-ÉPICES OU DE LA CANNELLE.

BISCUITS DÉCORÉS

Préparation : 20 min / **Repos :** 1 h / **Cuisson :** 10 min

Pour 30 biscuits : • 200 g de farine • ½ sachet de levure chimique • 1 œuf • 130 g de cassonade • 125 g de beurre ramolli • 1 cuillerée à soupe d'eau de rose • Perles argentées pour la déco **Pour le glaçage** • 1 blanc d'œuf • 100 g de sucre glace • 1 cuillerée à soupe de jus de citron • 1 cuillerée à soupe d'eau de rose • Colorant rouge

- Dans un saladier, mélangez la farine, la cassonade, la levure et 1 cuillerée à soupe d'eau de rose. Ajoutez le beurre en morceaux et travaillez la pâte du bout des doigts. Incorporez l'œuf et malaxez. Formez une boule, filmez et réservez 1 heure au réfrigérateur.
- Préchauffez le four à 225 °C (th. 7-8).
- Sur le plan de travail, étalez la pâte en une abaisse de 5 mm d'épaisseur. Découpez des sablés en forme de cœur à l'aide d'un emporte-pièce. Disposez-les sur une plaque recouverte de papier sulfurisé. Enfournez 10 minutes.
- Préparez le glaçage : mélangez tous les ingrédients au fouet pour obtenir une glace royale très épaisse.
- À la sortie du four, nappez les sablés uniformément de glaçage. Décorez-les de perles argentées et laissez-les sécher à température ambiante.

BREDELE À LA CANNELLE

Préparation : 25 min / **Repos :** 1 nuit / **Cuisson :** 10 min

Pour 40 bredele : • 250 g de farine • 200 g de sucre semoule • 3 œufs • 1 cuillerée à café de cannelle en poudre

- La veille, battez les œufs et le sucre dans un saladier au batteur électrique à puissance maximale pendant 10 minutes. Réduisez la vitesse et continuez de battre la préparation pendant 10 minutes.
- Ajoutez la farine tamisée et la cannelle en mélangeant doucement.
- Sur une plaque à pâtisserie recouverte de papier sulfurisé, déposez des petits tas de préparation et laissez sécher une nuit dans un endroit tiède.
- Le jour même, préchauffez le four à 180 °C (th. 6). Enfournez et faites cuire 10 minutes.

ASTUCE

REMPLACEZ LA CANNELLE PAR DES GRAINES D'ANIS, DE LA CARDAMOME EN POUDRE OU DE LA FÈVE TONKA.

SABLÉS À LA CONFITURE

Préparation : 20 min / **Repos :** 15 min / **Cuisson :** 15 min

Pour 30 sablés : • 200 g de farine • 130 g de cassonade • 125 g de beurre ramolli • 100 g de confiture d'abricots ou de fraises • 1 pincée de sel

- Dans un saladier, mélangez la farine, la cassonade et le sel. Ajoutez le beurre en petits morceaux et travaillez la pâte du bout des doigts. Façonnez 1 boule, enveloppez-la de film alimentaire et réservez 15 minutes au réfrigérateur.
- Préchauffez le four à 200 °C (th. 6-7).
- Étalez la pâte sur le plan de travail de façon à avoir une abaisse de 5 mm d'épaisseur puis découpez des cœurs à l'aide d'un emporte-pièce.
  Dans 15 cœurs, découpez un plus petit cœur au centre avec un emporte-pièce.
- Déposez les cœurs pleins et évidés sur une plaque à pâtisserie recouverte de papier sulfurisé.
  Enfournez 10 à 15 minutes. Laissez refroidir.
- Sur les cœurs pleins, étalez 1 belle cuillerée à café de confiture puis refermez les sablés avec les cœurs évidés.

SABLÉS À LA NOUGATINE

Préparation : 20 min / **Repos :** 1 h / **Cuisson :** 10 à 15 min

Pour 30 sablés : • 200 g de farine • 130 g de sucre roux • 30 g d'éclats de nougatine • 125 g de beurre ramolli • 1 pincée de sel

- Dans un saladier, mélangez la farine, le sucre et le sel. Ajoutez le beurre coupé en petits morceaux et travaillez la pâte du bout des doigts. Incorporez les éclats de nougatine.
- Façonnez 1 boudin de pâte et enveloppez-le de film alimentaire. Réservez 1 heure au réfrigérateur.
- Préchauffez le four à 200 °C (th. 6-7).
- Ôtez le film alimentaire et tranchez le boudin de pâte en rondelles de 5 mm d'épaisseur. Disposez-les sur une plaque à pâtisserie recouverte de papier sulfurisé.
- Enfournez 10 à 15 minutes. Laissez refroidir.

ASTUCE

INCORPOREZ DANS LA PÂTE DES ÉCLATS DE FRUITS SECS OU DES PÉPITES DE CHOCOLAT.

SABLÉS BRETONS

Préparation : 10 min / **Repos :** 1 h / **Cuisson :** 10 min

Pour 30 sablés : • 200 g de farine • ½ sachet de levure chimique • 1 œuf entier + 1 jaune pour la dorure • 130 g de sucre semoule • 1 sachet de sucre vanillé • 125 g de beurre demi-sel ramolli • 1 pincée de sel

- Dans un saladier, mélangez la farine avec les sucres semoule et vanillé, le sel et la levure. Ajoutez le beurre coupé en petits morceaux et travaillez la pâte du bout des doigts. Incorporez l'œuf et malaxez légèrement la pâte pour former une boule.
- Façonnez un boudin de pâte et enveloppez-le de film alimentaire. Réservez 1 heure au réfrigérateur.
- Préchauffez le four à 225 °C (th. 7-8).
- Ôtez le film alimentaire et coupez 30 rondelles de pâte de 5 mm d'épaisseur. Déposez-les sur une plaque à pâtisserie recouverte de papier sulfurisé.
- À l'aide d'un pinceau, dorez les sablés au jaune d'œuf délayé dans 5 cl d'eau. Enfournez 10 minutes.

PALETS AUX PIGNONS DE PIN

Préparation : 15 min / **Repos :** 1 h / **Cuisson :** 10 min

Pour 30 palets : • 500 g de farine • 1 sachet de levure chimique • 3 œufs • 250 g de sucre vergeoise • 150 g de beurre ramolli • 4 cuillerées à soupe de pignons de pin

- Dans un saladier, battez le beurre en pommade avec le sucre jusqu'à ce que le mélange devienne crémeux. Ajoutez les œufs et mélangez. Incorporez la levure, la farine et les pignons de pin.
- Façonnez 2 rouleaux de pâte et enveloppez-les de film alimentaire. Réservez 1 heure au réfrigérateur.
- Préchauffez le four à 150 °C (th. 5).
- Ôtez le film alimentaire et découpez des rondelles de pâte de 5 mm d'épaisseur. Déposez-les sur une plaque à pâtisserie recouverte de papier sulfurisé.
- Enfournez 10 minutes en surveillant la fin de cuisson : les palets doivent dorer légèrement.

BONSHOMMES À LA CANNELLE

Préparation : 15 min / **Cuisson :** 20 min

Pour 30 biscuits : • 500 g de farine • 1 cuillerée à café de levure chimique • 3 œufs • 250 g de sucre vergeoise • 150 g de beurre ramolli • 1 cuillerée à café de cannelle en poudre • 1 cuillerée à café de gingembre en poudre

- Préchauffez le four à 180 °C (th. 6).
- Dans un saladier, battez le beurre en pommade avec le sucre jusqu'à ce que la préparation devienne crémeuse. Ajoutez les œufs et mélangez. Incorporez la levure, la farine, le gingembre et la cannelle.
- Étalez la pâte sur le plan de travail puis découpez des bonshommes à l'emporte-pièce. Déposez-les sur une plaque à pâtisserie recouverte de papier sulfurisé.
- Enfournez et faites cuire 20 minutes. Laissez les bonshommes refroidir et conservez-les au sec.

ASTUCE

DÉCOREZ LES BONSHOMMES DE GLACE ROYALE (MÉLANGE DE BLANC D'ŒUF, DE SUCRE GLACE ET DE JUS DE CITRON).

TOUCHES DE PIANO

Préparation : 15 min / **Repos :** 48 h / **Cuisson :** 10 à 15 min

Pour 24 biscuits : • 2 œufs • 135 g de poudre d'amandes • 135 g de cerneaux de noix concassés • 220 g de sucre semoule • 100 g de sucre glace • 1 petite pincée de sel

- Dans un saladier, mélangez la poudre d'amandes, les noix concassées, le sucre semoule, 1 œuf entier et 1 jaune (réservez le blanc) jusqu'à l'obtention d'une pâte.
- Étalez la préparation sur une plaque à pâtisserie recouverte de papier sulfurisé de façon à avoir une abaisse de 1 cm d'épaisseur. Laissez reposer une nuit.
- Le lendemain, montez en neige le blanc réservé avec le sel puis ajoutez délicatement le sucre glace. Étalez ce glaçage avec une spatule sur l'abaisse de pâte.
- Découpez la pâte en 24 petits rectangles de la taille d'une touche de piano. Laissez à nouveau sécher jusqu'au lendemain.
- Le jour même, finissez le séchage au four à 60 °C (th. 2) pendant 10 à 15 minutes.

CIGARES CROUSTILLANTS AU MIEL

Préparation : 10 min / **Cuisson :** 5 min

Pour 30 cigares : • 40 g de farine • 50 g de sucre semoule • 60 g de beurre • 2 cuillerées à soupe de miel • 1 cuillerée à soupe de cognac

- Préchauffez le four à 180 °C (th. 6).
- Dans une casserole, faites fondre le beurre avec le miel à feu très doux.
- Versez le beurre fondu dans un saladier. Incorporez la farine, le sucre et le cognac. Mélangez jusqu'à l'obtention d'une pâte lisse.
- À l'aide d'une cuillère à café, déposez des petits disques de pâte sur une plaque de cuisson recouverte de papier sulfurisé. Enfournez 5 minutes.
- Sortez la plaque du four, attendez 1 minute puis décollez les disques à l'aide d'une spatule métallique. Enroulez-les encore chauds autour du manche d'une cuillère en bois pour qu'ils prennent la forme d'un cigare.

PAINS AU LAIT AUX PÉPITES DE CHOCOLAT

Préparation : 15 min / **Repos :** 1 h 15 / **Cuisson :** 15 min

Pour 8 petits pains : • 300 g de farine à brioche • 16 g de levure de boulanger • 50 g de pépites de chocolat • 80 g de beurre fondu • 2 cuillerées à soupe de sucre semoule • 25 cl de lait + un peu pour badigeonner • 1 pincée de sel

- Délayez la levure dans le lait tiède et le beurre fondu.
- Dans un saladier, mélangez la farine, le sucre et le sel. Versez le mélange à base de levure. Pétrissez la pâte 5 minutes. Ajoutez les pépites de chocolat et continuez de pétrir avec les mains farinées, jusqu'à l'obtention d'une pâte souple. Couvrez d'un torchon et laissez-la reposer 15 minutes.
- Farinez le plan de travail et façonnez un long boudin de pâte. Partagez-le en 8 pâtons. Disposez-les sur une plaque à pâtisserie et laissez-les gonfler 1 heure dans une pièce près d'une source de chaleur.
- Préchauffez le four à 180 °C (th. 6).
- À l'aide d'un pinceau, badigeonnez les pains de lait. Enfournez 10 à 15 minutes.

ASTUCE

REMPLACEZ LES PÉPITES DE CHOCOLAT PAR DES ÉCLATS DE NOUGATINE OU DES RAISINS SECS.

PAINS AUX RAISINS ET CRANBERRIES

Préparation : 40 min / **Repos :** 2 h 30 / **Cuisson :** 20 min

Pour 8 pains : • 250 g de farine • 15 g de levure de boulanger • 1 œuf • 150 g de beurre ramolli + un peu pour la plaque • 10 cl de lait tiède • 1 cuillerée à soupe de sucre semoule • 1 pincée de sel **Pour la garniture** • 150 g de raisins secs • 100 g de cranberries séchées • 10 cl de rhum

- Faites tremper les raisins dans un verre d'eau tiède mélangée au rhum.
- Délayez la levure dans le lait. Versez la farine dans un saladier. Ajoutez l'œuf, le sucre, le mélange lait-levure et le sel. Pétrissez bien les ingrédients puis formez une boule de pâte. Laissez-la reposer 1 heure près d'une source de chaleur : la pâte doit doubler de volume.
- Étalez la pâte en formant une croix et déposez le beurre au milieu. Repliez chaque branche sur le beurre, étalez la pâte en long et repliez-la en trois. Retournez-la et étalez-la à nouveau. Tournez d'un quart de tour, étalez, puis repliez en trois. Laissez la pâte reposer

15 minutes au frais. Renouvelez l'opération en réalisant deux nouveaux tours, puis réservez 15 minutes au frais.

- Étalez une dernière fois la pâte et découpez 8 longues bandes. Répartissez les raisins et les cranberries sur les bandes de pâte puis roulez celles-ci pour former des petits pains. Laissez-les reposer 1 heure sur une plaque à pâtisserie beurrée.
- Préchauffez le four à 200 °C (th. 6-7).
- Enfournez 20 minutes en surveillant la fin de cuisson.

ASTUCE

GARNISSEZ LES PAINS DE CRÈME PÂTISSIÈRE À L'AIDE D'UNE POCHE À DOUILLE AVANT DE LES ROULER.

BEIGNETS AUX POMMES

Préparation : 15 min / **Repos :** 2 h / **Cuisson :** 8 min

Pour 6 personnes : • 250 g de farine • ½ sachet de levure chimique • 1 blanc d'œuf • 1 cuillerée à café d'huile neutre • 1 pincée de sel • Huile de friture

Pour la garniture • 4 pommes golden ou reine des reinettes • 40 g de sucre glace

- Versez la farine dans un saladier et creusez un puits. Ajoutez la levure, l'huile et le sel. Délayez avec un peu d'eau tiède et mélangez jusqu'à ce que la pâte forme un ruban. Incorporez le blanc d'œuf légèrement battu. Recouvrez d'un torchon et laissez reposer 2 heures.
- Faites chauffer l'huile de friture.
- Épluchez et épépinez les pommes. Coupez-les en rondelles régulières.
- Trempez les rondelles de pomme dans la pâte à beignets puis plongez-les dans l'huile très chaude. Faites-les dorer 8 minutes en les retournant.
- Égouttez les beignets sur du papier absorbant et saupoudrez-les de sucre glace avant de servir.

GAUFRES

Préparation : 20 min / **Repos :** 30 min / **Cuisson :** 2 à 3 min par gaufre

Pour 12 gaufres : • 80 g de beurre • 80 g de sucre semoule • 3 œufs • 200 g de farine • ½ sachet de levure chimique • 25 cl de lait • Sucre glace

- Faites fondre le beurre dans une casserole à feu doux. Versez-le dans un saladier et mélangez-le avec le sucre.
- Battez 2 œufs entiers et 1 jaune.
- Montez le troisième blanc en neige ferme.
- Fouettez les œufs battus avec le mélange beurre-sucre. Ajoutez la farine et la levure puis le lait peu à peu. Incorporez le blanc en neige. Laissez reposer la pâte 30 minutes.
- Versez 1 louche de pâte dans le gaufrier et faites cuire 2 à 3 minutes.
- Saupoudrez de sucre glace et servez.

POMMES EN PÂTE D'AMANDE

Préparation : 30 min / **Repos :** 24 h

Pour 16 pommes : • 300 g de pâte d'amande blanche • 4 carrés de chocolat noir • Colorants alimentaires rouge et vert • 10 cl de calvados

- La veille, façonnez 16 petites pommes en pâte d'amande. À l'aide d'une cuillère parisienne, prélevez 1 bille de pâte d'amandes au cœur de chaque pomme et injectez quelques gouttes de calvados avec une seringue. Rebouchez les pommes avec les billes de pâte d'amande.
- Décorez les pommes avec 1 pincée de colorant rouge (pour le fruit) et vert (pour figurer une feuille).
- Faites fondre le chocolat et déposez-en une pointe sur chaque pomme pour former une tige.
- Réservez les pommes à température ambiante.

GUIMAUVES TRICOLORES

Préparation : 30 min / **Cuisson :** 15 min / **Réfrigération :** 30 min

Pour 15 guimauves : • 2 blancs d'œufs • 250 g de sucre semoule • 25 g de glucose liquide • 20 g de gélatine • Essence de rose ou arôme cassis • Sucre glace • Colorants alimentaires rose et vert • 1 pincée de sel • Huile pour la plaque

- Trempez la gélatine 15 minutes dans un bol d'eau tiède.
- Réalisez un sirop : dans une casserole, portez 10 cl d'eau avec le glucose à 120 °C (utilisez un thermomètre à confiserie). Ajoutez la gélatine essorée et mélangez pour la faire fondre complètement.
- Montez les blancs d'œufs en neige avec la pincée de sel. Incorporez le sucre semoule. Ajoutez le sirop et l'arôme.
- Répartissez la pâte dans 3 saladiers. Ajoutez dans l'un 2 ou 3 gouttes de colorant alimentaire rose et dans le deuxième 2 ou 3 gouttes de colorant alimentaire vert. Laissez le dernier saladier nature.
- Saupoudrez légèrement de sucre glace une plaque à pâtisserie huilée. Déposez des boudins de guimauve à l'aide d'une poche à douille et saupoudrez le dessus de sucre glace. Réservez 30 minutes au réfrigérateur. Décollez les guimauves délicatement et coupez-les en cubes.

PÂTES DE FRUITS À L'ORANGE

Préparation : 30 min / **Cuisson :** 1 h 50 min / **Réfrigération :** 24 h

Pour 6 à 8 personnes : • 1 kg d'oranges • Sucre semoule

- La veille, pelez les oranges à vif et prélevez les suprêmes. Déposez-les dans un faitout. Ajoutez 1 verre d'eau et faites cuire 15 à 20 minutes à feu doux.
- Réduisez la préparation de fruits en purée à l'aide d'un robot plongeant.
- Pesez la purée de fruits. Reversez-la dans le faitout et ajoutez le même poids de sucre. Poursuivez la cuisson 1 h 30 à feu doux en remuant régulièrement : mélangez la préparation sans cesse durant les dix dernières minutes pour éviter que la pulpe de fruit attache.
- Versez la préparation uniformément sur une plaque à pâtisserie recouverte de papier sulfurisé. Laissez refroidir puis réservez 24 heures au réfrigérateur.
- Le jour même, découpez des carrés ou des rectangles de pâte de fruits et roulez-les dans le sucre.

ASTUCE

RÉALISEZ DES PÂTES DE FRUITS AVEC LES FRUITS DE VOTRE CHOIX.

HALWA

Préparation : 15 min / **Cuisson :** 10 min / **Refrigération :** 12 h

Pour 4 personnes : • 300 g de semoule moyenne • 250 g de pistaches • 200 g de sucre semoule • 100 g de beurre • Le jus de ½ citron

- Concassez grossièrement les pistaches.
- Dans un bol, faites fondre le sucre avec 25 cl d'eau chaude.
- Dans une casserole, faites fondre le beurre à feu doux puis versez la semoule d'un coup. Faites-la dorer 2 minutes sans cesser de remuer. Ajoutez l'eau sucrée, le jus de citron et les pistaches. Continuez la cuisson à feu doux en mélangeant jusqu'à l'obtention d'une pâte ferme.
- Déposez la préparation dans un plat rectangulaire et réservez 12 heures minimum au réfrigérateur.
- Découpez le gâteau en petits losanges. Dégustez-les avec un thé à la menthe.

Y'A QUE ÇA DE VRAI !

www.fleuruseditions.com

ÉQUIVALENCES

Mesures liquides

Système métrique	Système américain	Autre nom
5 ml	1 cuillère à thé (cuillère à café française)	
15 ml	1 cuillère à table (cuillère à soupe française)	
35 ml	1/8 cup (tasse française)	1 oz
65 ml	1/4 cup ou 1/4 grand verre	2 oz
125 ml	1/2 cup ou 1/2 grand verre	4 oz
250 ml	1 cup ou 1 grand verre	8 oz
500 ml	2 cups ou 1 pinte	
1 litre	4 cups ou 2 pintes	

Mesures solides

Système métrique	Système américain	Autre nom
30 g	1 oz	
55 g	1/8 lbs	2 oz
115 g	1/4 lbs	4 oz
170 g	3/8 lbs	6 oz
225 g	1/2 lbs	8 oz
454 g	1 livre	16 oz

Chaleur du four

Chaleur	°C	Thermostat	°F
Très doux	70 °C	Th. 2-3	150 °F
Doux	100 °C	Th. 3-4	200 °F
	120 °C	Th. 4	250 °F
Moyen	150 °C	Th. 5	300 °F
	180 °C	Th. 6	350 °F
Chaud	200 °C	Th. 6-7	400 °F
	230 °C	Th. 7-8	450 °F
Très chaud	260 °C	Th. 8-9	500 °F

Direction éditoriale : Barbara Sabatier
Édition : Mathilde Croizeau
Direction artistique : Laurent Quellet
Maquette : Mélissa Chalot
Préparation des textes et relecture :
Armelle et Bernard Heron

N° d'édition : M13122
ISBN : 978 2 317 00707 1
Code MDS : 71402
Photogravure : Amalthéa
Achevé d'imprimer en juillet 2013
par Macrolibios en Espagne
Dépôt légal : août 2013
Édition N°1

Mango une marque de Fleurus Éditions
www.fleuruseditions.com